Ce carnet app  :

Michel &
Rebecca

JOUR : 1 **DATE :** 13/04/2023 **LIEU :** New-York

LA MÉTÉO :

MES ACTIVITÉS DU JOUR:

J'AI MANGÉ :

1 hot-dog à Times square

1 pizza à 99¢ 7th Av

J'AI AIMÉ :

AUJOURD'HUI J'ÉTAIS :

CE QUE JE RETIENS DE MA JOURNÉE:

JOUR : **DATE :** **LIEU :**

LA MÉTÉO :

MES ACTIVITÉS DU JOUR:

_____

_____

_____

_____

_____

_____

_____

_____

J'AI MANGÉ :

_____

_____

_____

J'AI AIMÉ :

_____

_____

_____

AUJOURD'HUI J'ÉTAIS :

CE QUE JE RETIENS DE MA JOURNÉE:

_____

_____

_____

_____

_____

_____

JOUR :   DATE :   LIEU :

LA MÉTÉO :

MES ACTIVITÉS DU JOUR:

_____

_____

_____

_____

_____

_____

_____

_____

J'AI MANGÉ :

_____

_____

_____

J'AI AIMÉ :

_____

_____

_____

AUJOURD'HUI J'ÉTAIS : 😍 😀 😐 😎 😭

CE QUE JE RETIENS DE MA JOURNÉE:

_____

_____

_____

_____

_____

JOUR :   **DATE :**   **LIEU :**

LA MÉTÉO :

MES ACTIVITÉS DU JOUR:

_____
_____
_____
_____
_____
_____
_____
_____
_____

J'AI MANGÉ :

_____
_____
_____
_____

J'AI AIMÉ :

_____
_____
_____
_____

AUJOURD'HUI J'ÉTAIS :

CE QUE JE RETIENS DE MA JOURNÉE:

_____
_____
_____
_____
_____
_____

JOUR :　　DATE :　　LIEU :

LA MÉTÉO :

MES ACTIVITÉS DU JOUR:

_____

_____

_____

_____

_____

_____

_____

J'AI MANGÉ :

_____

_____

_____

J'AI AIMÉ :

_____

_____

_____

AUJOURD'HUI J'ÉTAIS :　😍　😀　😐　😎　😭

CE QUE JE RETIENS DE MA JOURNÉE:

_____

_____

_____

_____

_____

JOUR :   DATE :   LIEU :

LA MÉTÉO :

MES ACTIVITÉS DU JOUR:

_____

_____

_____

_____

_____

_____

_____

J'AI MANGÉ :

_____

_____

_____

_____

J'AI AIMÉ :

_____

_____

_____

AUJOURD'HUI J'ÉTAIS :

CE QUE JE RETIENS DE MA JOURNÉE:

_____

_____

_____

_____

_____

JOUR :   DATE :   LIEU :

LA MÉTÉO :

MES ACTIVITÉS DU JOUR:

_____

_____

_____

_____

_____

_____

_____

J'AI MANGÉ :

_____

_____

_____

J'AI AIMÉ :

_____

_____

_____

AUJOURD'HUI J'ÉTAIS :

CE QUE JE RETIENS DE MA JOURNÉE:

_____

_____

_____

_____

_____

JOUR :   **DATE :**   **LIEU :**

LA MÉTÉO :

MES ACTIVITÉS DU JOUR:

_____

_____

_____

_____

_____

_____

_____

J'AI MANGÉ :

_____

_____

_____

J'AI AIMÉ :

_____

_____

_____

AUJOURD'HUI J'ÉTAIS :

CE QUE JE RETIENS DE MA JOURNÉE:

_____

_____

_____

_____

_____

JOUR :   **DATE :**   **LIEU :**

LA MÉTÉO :

MES ACTIVITÉS DU JOUR:

_____
_____
_____
_____
_____
_____
_____
_____

J'AI MANGÉ :

_____
_____
_____

J'AI AIMÉ :

_____
_____
_____

AUJOURD'HUI J'ÉTAIS : 😍 😄 😐 😎 😭

CE QUE JE RETIENS DE MA JOURNÉE:

_____
_____
_____
_____
_____

JOUR : **DATE :** **LIEU :**

LA MÉTÉO :

MES ACTIVITÉS DU JOUR:

_____

_____

_____

_____

_____

_____

_____

J'AI MANGÉ :

_____

_____

_____

_____

J'AI AIMÉ :

_____

_____

_____

AUJOURD'HUI J'ÉTAIS :

CE QUE JE RETIENS DE MA JOURNÉE:

_____

_____

_____

_____

_____

JOUR :   DATE :   LIEU :

LA MÉTÉO :

MES ACTIVITÉS DU JOUR:

_____

_____

_____

_____

_____

_____

_____

_____

J'AI MANGÉ :

_____

_____

_____

J'AI AIMÉ :

_____

_____

_____

AUJOURD'HUI J'ÉTAIS : 😍 😀 😐 😎 😭

CE QUE JE RETIENS DE MA JOURNÉE:

_____

_____

_____

_____

_____

JOUR :   **DATE :**   **LIEU :**

LA MÉTÉO :

MES ACTIVITÉS DU JOUR:

_____

_____

_____

_____

_____

_____

_____

_____

J'AI MANGÉ :

_____

_____

_____

J'AI AIMÉ :

_____

_____

_____

AUJOURD'HUI J'ÉTAIS :

CE QUE JE RETIENS DE MA JOURNÉE:

_____

_____

_____

_____

_____

_____

JOUR :　　　DATE :　　　　LIEU :

LA MÉTÉO :

MES ACTIVITÉS DU JOUR:

_____

_____

_____

_____

_____

_____

_____

_____

J'AI MANGÉ :

_____

_____

_____

J'AI AIMÉ :

_____

_____

_____

AUJOURD'HUI J'ÉTAIS : 😍 😃 😐 😎 😭

CE QUE JE RETIENS DE MA JOURNÉE:

_____

_____

_____

_____

_____

JOUR :   DATE :   LIEU :

LA MÉTÉO :

MES ACTIVITÉS DU JOUR:

_____

_____

_____

_____

_____

_____

_____

J'AI MANGÉ :

_____

_____

_____

J'AI AIMÉ :

_____

_____

_____

AUJOURD'HUI J'ÉTAIS :

CE QUE JE RETIENS DE MA JOURNÉE:

_____

_____

_____

_____

_____

JOUR :   DATE :   LIEU :

LA MÉTÉO :

MES ACTIVITÉS DU JOUR:

_____

_____

_____

_____

_____

_____

_____

_____

J'AI MANGÉ :

_____

_____

_____

J'AI AIMÉ :

_____

_____

_____

AUJOURD'HUI J'ÉTAIS :

CE QUE JE RETIENS DE MA JOURNÉE:

_____

_____

_____

_____

_____

JOUR :   **DATE :**   **LIEU :**

LA MÉTÉO :

MES ACTIVITÉS DU JOUR:

_____

_____

_____

_____

_____

_____

_____

_____

J'AI MANGÉ :

_____

_____

_____

J'AI AIMÉ :

_____

_____

_____

AUJOURD'HUI J'ÉTAIS :

CE QUE JE RETIENS DE MA JOURNÉE:

_____

_____

_____

_____

_____

JOUR :   DATE :   LIEU :

LA MÉTÉO :

MES ACTIVITÉS DU JOUR:

_____

_____

_____

_____

_____

_____

_____

_____

J'AI MANGÉ :

_____

_____

_____

J'AI AIMÉ :

_____

_____

_____

AUJOURD'HUI J'ÉTAIS : 😍 😃 😐 😎 😭

CE QUE JE RETIENS DE MA JOURNÉE:

_____

_____

_____

_____

_____

JOUR :   **DATE :**   **LIEU :**

LA MÉTÉO :

MES ACTIVITÉS DU JOUR:

_____

_____

_____

_____

_____

_____

_____

_____

J'AI MANGÉ :

_____

_____

_____

J'AI AIMÉ :

_____

_____

_____

AUJOURD'HUI J'ÉTAIS :

CE QUE JE RETIENS DE MA JOURNÉE:

_____

_____

_____

_____

_____

JOUR :   DATE :   LIEU :

LA MÉTÉO :

MES ACTIVITÉS DU JOUR:

_____

_____

_____

_____

_____

_____

_____

_____

J'AI MANGÉ :

_____

_____

_____

J'AI AIMÉ :

_____

_____

_____

AUJOURD'HUI J'ÉTAIS : 😍 😀 😐 😎 😭

CE QUE JE RETIENS DE MA JOURNÉE:

_____

_____

_____

_____

_____

JOUR :   **DATE :**   **LIEU :**

LA MÉTÉO :

MES ACTIVITÉS DU JOUR:

_____

_____

_____

_____

_____

_____

_____

_____

J'AI MANGÉ :

_____

_____

_____

J'AI AIMÉ :

_____

_____

_____

AUJOURD'HUI J'ÉTAIS :

CE QUE JE RETIENS DE MA JOURNÉE:

_____

_____

_____

_____

_____

JOUR :   DATE :   LIEU :

LA MÉTÉO :

MES ACTIVITÉS DU JOUR:

_____

_____

_____

_____

_____

_____

_____

_____

J'AI MANGÉ :

_____

_____

_____

J'AI AIMÉ :

_____

_____

_____

AUJOURD'HUI J'ÉTAIS :

CE QUE JE RETIENS DE MA JOURNÉE:

_____

_____

_____

_____

_____

JOUR :   **DATE :**   **LIEU :**

LA MÉTÉO :

MES ACTIVITÉS DU JOUR:

_____

_____

_____

_____

_____

_____

_____

_____

J'AI MANGÉ :

_____

_____

_____

J'AI AIMÉ :

_____

_____

_____

AUJOURD'HUI J'ÉTAIS :

CE QUE JE RETIENS DE MA JOURNÉE:

_____

_____

_____

_____

_____

JOUR :   DATE :   LIEU :

LA MÉTÉO :

MES ACTIVITÉS DU JOUR:

J'AI MANGÉ :

J'AI AIMÉ :

AUJOURD'HUI J'ÉTAIS :

CE QUE JE RETIENS DE MA JOURNÉE:

JOUR :   **DATE :**   **LIEU :**

LA MÉTÉO :

MES ACTIVITÉS DU JOUR:

_____

_____

_____

_____

_____

_____

_____

_____

J'AI MANGÉ :

_____

_____

_____

J'AI AIMÉ :

_____

_____

_____

AUJOURD'HUI J'ÉTAIS :

CE QUE JE RETIENS DE MA JOURNÉE:

_____

_____

_____

_____

_____

JOUR :   DATE :   LIEU :

LA MÉTÉO :

MES ACTIVITÉS DU JOUR:

_____

_____

_____

_____

_____

_____

_____

J'AI MANGÉ :

_____

_____

_____

J'AI AIMÉ :

_____

_____

_____

AUJOURD'HUI J'ÉTAIS :

CE QUE JE RETIENS DE MA JOURNÉE:

_____

_____

_____

_____

_____

JOUR :   **DATE :**   **LIEU :**

LA MÉTÉO :

MES ACTIVITÉS DU JOUR:

_____

_____

_____

_____

_____

_____

_____

_____

J'AI MANGÉ :

_____

_____

_____

J'AI AIMÉ :

_____

_____

_____

AUJOURD'HUI J'ÉTAIS :

CE QUE JE RETIENS DE MA JOURNÉE:

_____

_____

_____

_____

_____

JOUR :   DATE :   LIEU :

LA MÉTÉO :

MES ACTIVITÉS DU JOUR:

_____

_____

_____

_____

_____

_____

_____

_____

J'AI MANGÉ :

_____

_____

_____

J'AI AIMÉ :

_____

_____

_____

AUJOURD'HUI J'ÉTAIS :

CE QUE JE RETIENS DE MA JOURNÉE:

_____

_____

_____

_____

_____

JOUR :   **DATE :**   **LIEU :**

LA MÉTÉO :

MES ACTIVITÉS DU JOUR:

_____

_____

_____

_____

_____

_____

_____

J'AI MANGÉ :

_____

_____

_____

J'AI AIMÉ :

_____

_____

_____

AUJOURD'HUI J'ÉTAIS :

CE QUE JE RETIENS DE MA JOURNÉE:

_____

_____

_____

_____

_____

JOUR :   DATE :   LIEU :

LA MÉTÉO :

MES ACTIVITÉS DU JOUR:

_____

_____

_____

_____

_____

_____

_____

_____

J'AI MANGÉ :

_____

_____

_____

J'AI AIMÉ :

_____

_____

_____

AUJOURD'HUI J'ÉTAIS :

CE QUE JE RETIENS DE MA JOURNÉE:

_____

_____

_____

_____

_____

JOUR :　　**DATE :**　　**LIEU :**

LA MÉTÉO :

MES ACTIVITÉS DU JOUR:

_____

_____

_____

_____

_____

_____

_____

J'AI MANGÉ :

_____

_____

_____

_____

J'AI AIMÉ :

_____

_____

_____

AUJOURD'HUI J'ÉTAIS :

CE QUE JE RETIENS DE MA JOURNÉE:

_____

_____

_____

_____

_____

JOUR :　　DATE :　　LIEU :

LA MÉTÉO :

MES ACTIVITÉS DU JOUR:

_____

_____

_____

_____

_____

_____

_____

_____

J'AI MANGÉ :

_____

_____

_____

J'AI AIMÉ :

_____

_____

_____

AUJOURD'HUI J'ÉTAIS :

CE QUE JE RETIENS DE MA JOURNÉE:

_____

_____

_____

_____

_____

JOUR :   **DATE :**   **LIEU :**

LA MÉTÉO :

MES ACTIVITÉS DU JOUR:

_____

_____

_____

_____

_____

_____

_____

_____

_____

J'AI MANGÉ :

_____

_____

_____

_____

J'AI AIMÉ :

_____

_____

_____

AUJOURD'HUI J'ÉTAIS :

CE QUE JE RETIENS DE MA JOURNÉE:

_____

_____

_____

_____

_____

JOUR :   DATE :   LIEU :

LA MÉTÉO :

MES ACTIVITÉS DU JOUR:

J'AI MANGÉ :

J'AI AIMÉ :

AUJOURD'HUI J'ÉTAIS :

CE QUE JE RETIENS DE MA JOURNÉE:

JOUR :   **DATE :**   **LIEU :**

LA MÉTÉO :

MES ACTIVITÉS DU JOUR:

_____

_____

_____

_____

_____

_____

_____

_____

J'AI MANGÉ :

_____

_____

_____

J'AI AIMÉ :

_____

_____

_____

AUJOURD'HUI J'ÉTAIS :

CE QUE JE RETIENS DE MA JOURNÉE:

_____

_____

_____

_____

_____

JOUR :   DATE :   LIEU :

LA MÉTÉO :

MES ACTIVITÉS DU JOUR:

J'AI MANGÉ :

J'AI AIMÉ :

AUJOURD'HUI J'ÉTAIS :

CE QUE JE RETIENS DE MA JOURNÉE:

JOUR :   **DATE :**   **LIEU :**

LA MÉTÉO :

MES ACTIVITÉS DU JOUR:

_____

_____

_____

_____

_____

_____

_____

J'AI MANGÉ :

_____

_____

_____

J'AI AIMÉ :

_____

_____

_____

AUJOURD'HUI J'ÉTAIS :

CE QUE JE RETIENS DE MA JOURNÉE:

_____

_____

_____

_____

_____

JOUR :   DATE :   LIEU :

LA MÉTÉO :

MES ACTIVITÉS DU JOUR:

_____

_____

_____

_____

_____

_____

_____

J'AI MANGÉ :

_____

_____

_____

J'AI AIMÉ :

_____

_____

_____

AUJOURD'HUI J'ÉTAIS : 😍 😀 😐 😎 😭

CE QUE JE RETIENS DE MA JOURNÉE:

_____

_____

_____

_____

_____

JOUR :   **DATE :**   **LIEU :**

LA MÉTÉO :

MES ACTIVITÉS DU JOUR:

_____

_____

_____

_____

_____

_____

_____

_____

J'AI MANGÉ :

_____

_____

_____

J'AI AIMÉ :

_____

_____

_____

AUJOURD'HUI J'ÉTAIS :

CE QUE JE RETIENS DE MA JOURNÉE:

_____

_____

_____

_____

_____

JOUR :   DATE :   LIEU :

LA MÉTÉO :

MES ACTIVITÉS DU JOUR:	J'AI MANGÉ :

J'AI AIMÉ :

AUJOURD'HUI J'ÉTAIS : 😍 😃 😐 😎 😭

CE QUE JE RETIENS DE MA JOURNÉE:

JOUR :   DATE :   LIEU :

LA MÉTÉO :

MES ACTIVITÉS DU JOUR:

_____

_____

_____

_____

_____

_____

_____

J'AI MANGÉ :

_____

_____

_____

J'AI AIMÉ :

_____

_____

_____

AUJOURD'HUI J'ÉTAIS :

CE QUE JE RETIENS DE MA JOURNÉE:

_____

_____

_____

_____

_____

JOUR :   DATE :   LIEU :

LA MÉTÉO :

MES ACTIVITÉS DU JOUR:

_____

_____

_____

_____

_____

_____

_____

_____

J'AI MANGÉ :

_____

_____

_____

J'AI AIMÉ :

_____

_____

_____

AUJOURD'HUI J'ÉTAIS :

CE QUE JE RETIENS DE MA JOURNÉE:

_____

_____

_____

_____

_____

JOUR :   **DATE :**   **LIEU :**

LA MÉTÉO :

MES ACTIVITÉS DU JOUR:

_____

_____

_____

_____

_____

_____

_____

J'AI MANGÉ :

_____

_____

_____

J'AI AIMÉ :

_____

_____

_____

AUJOURD'HUI J'ÉTAIS :

CE QUE JE RETIENS DE MA JOURNÉE:

_____

_____

_____

_____

_____

JOUR :   DATE :   LIEU :

LA MÉTÉO :

MES ACTIVITÉS DU JOUR:

_____

_____

_____

_____

_____

_____

_____

_____

J'AI MANGÉ :

_____

_____

_____

J'AI AIMÉ :

_____

_____

_____

AUJOURD'HUI J'ÉTAIS : 😍 😃 😐 😎 😨

CE QUE JE RETIENS DE MA JOURNÉE:

_____

_____

_____

_____

_____

JOUR :   **DATE :**   **LIEU :**

LA MÉTÉO :

MES ACTIVITÉS DU JOUR:

_____

_____

_____

_____

_____

_____

_____

_____

J'AI MANGÉ :

_____

_____

_____

J'AI AIMÉ :

_____

_____

_____

AUJOURD'HUI J'ÉTAIS :

CE QUE JE RETIENS DE MA JOURNÉE:

_____

_____

_____

_____

_____

JOUR :   DATE :   LIEU :

LA MÉTÉO :

MES ACTIVITÉS DU JOUR:	J'AI MANGÉ :

J'AI AIMÉ :

AUJOURD'HUI J'ÉTAIS :

CE QUE JE RETIENS DE MA JOURNÉE:

JOUR :   **DATE :**   **LIEU :**

LA MÉTÉO :

MES ACTIVITÉS DU JOUR:

_____

_____

_____

_____

_____

_____

_____

_____

J'AI MANGÉ :

_____

_____

_____

J'AI AIMÉ :

_____

_____

_____

AUJOURD'HUI J'ÉTAIS :

CE QUE JE RETIENS DE MA JOURNÉE:

_____

_____

_____

_____

_____

JOUR :   DATE :   LIEU :

LA MÉTÉO :

MES ACTIVITÉS DU JOUR:

_____

_____

_____

_____

_____

_____

_____

J'AI MANGÉ :

_____

_____

_____

J'AI AIMÉ :

_____

_____

_____

AUJOURD'HUI J'ÉTAIS : 😍 😀 😐 😎 😭

CE QUE JE RETIENS DE MA JOURNÉE:

_____

_____

_____

_____

_____

JOUR :   **DATE :**   **LIEU :**

LA MÉTÉO :

MES ACTIVITÉS DU JOUR :

_____

_____

_____

_____

_____

_____

_____

_____

J'AI MANGÉ :

_____

_____

_____

J'AI AIMÉ :

_____

_____

_____

AUJOURD'HUI J'ÉTAIS :

CE QUE JE RETIENS DE MA JOURNÉE :

_____

_____

_____

_____

_____

JOUR :   DATE :   LIEU :

LA MÉTÉO :

MES ACTIVITÉS DU JOUR:

_____

_____

_____

_____

_____

_____

_____

J'AI MANGÉ :

_____

_____

_____

J'AI AIMÉ :

_____

_____

_____

AUJOURD'HUI J'ÉTAIS :

CE QUE JE RETIENS DE MA JOURNÉE:

_____

_____

_____

_____

_____

JOUR :   DATE :   LIEU :

LA MÉTÉO :

MES ACTIVITÉS DU JOUR:

_____

_____

_____

_____

_____

_____

_____

J'AI MANGÉ :

_____

_____

_____

J'AI AIMÉ :

_____

_____

_____

AUJOURD'HUI J'ÉTAIS :

CE QUE JE RETIENS DE MA JOURNÉE:

_____

_____

_____

_____

_____

JOUR :　　DATE :　　LIEU :

LA MÉTÉO :

MES ACTIVITÉS DU JOUR:

_____

_____

_____

_____

_____

_____

_____

_____

J'AI MANGÉ :

_____

_____

_____

J'AI AIMÉ :

_____

_____

AUJOURD'HUI J'ÉTAIS : 😍 😃 😐 😎 😭

CE QUE JE RETIENS DE MA JOURNÉE:

_____

_____

_____

_____

_____

JOUR :   **DATE :**   **LIEU :**

LA MÉTÉO :

MES ACTIVITÉS DU JOUR:

_____

_____

_____

_____

_____

_____

_____

_____

J'AI MANGÉ :

_____

_____

_____

J'AI AIMÉ :

_____

_____

_____

AUJOURD'HUI J'ÉTAIS :

CE QUE JE RETIENS DE MA JOURNÉE:

_____

_____

_____

_____

_____

JOUR :   DATE :   LIEU :

LA MÉTÉO :

MES ACTIVITÉS DU JOUR:

_____

_____

_____

_____

_____

_____

_____

J'AI MANGÉ :

_____

_____

_____

J'AI AIMÉ :

_____

_____

_____

AUJOURD'HUI J'ÉTAIS :

CE QUE JE RETIENS DE MA JOURNÉE:

_____

_____

_____

_____

_____

JOUR :   **DATE :**   **LIEU :**

LA MÉTÉO :

MES ACTIVITÉS DU JOUR:

_____

_____

_____

_____

_____

_____

_____

_____

J'AI MANGÉ :

_____

_____

_____

J'AI AIMÉ :

_____

_____

_____

AUJOURD'HUI J'ÉTAIS :

CE QUE JE RETIENS DE MA JOURNÉE:

_____

_____

_____

_____

_____

JOUR :   **DATE :**   **LIEU :**

LA MÉTÉO :

MES ACTIVITÉS DU JOUR:

_____

_____

_____

_____

_____

_____

_____

_____

J'AI MANGÉ :

_____

_____

_____

J'AI AIMÉ :

_____

_____

_____

AUJOURD'HUI J'ÉTAIS :

CE QUE JE RETIENS DE MA JOURNÉE:

_____

_____

_____

_____

_____

_____

JOUR :   DATE :   LIEU :

LA MÉTÉO :

MES ACTIVITÉS DU JOUR:

_____

_____

_____

_____

_____

_____

_____

_____

J'AI MANGÉ :

_____

_____

_____

J'AI AIMÉ :

_____

_____

_____

AUJOURD'HUI J'ÉTAIS :

CE QUE JE RETIENS DE MA JOURNÉE:

_____

_____

_____

_____

_____

JOUR :   DATE :   LIEU :

LA MÉTÉO :

MES ACTIVITÉS DU JOUR:

J'AI MANGÉ :

J'AI AIMÉ :

AUJOURD'HUI J'ÉTAIS :

CE QUE JE RETIENS DE MA JOURNÉE:

JOUR : **DATE :** **LIEU :**

LA MÉTÉO :

MES ACTIVITÉS DU JOUR:

_____

_____

_____

_____

_____

_____

_____

_____

J'AI MANGÉ :

_____

_____

_____

J'AI AIMÉ :

_____

_____

_____

AUJOURD'HUI J'ÉTAIS :

CE QUE JE RETIENS DE MA JOURNÉE:

_____

_____

_____

_____

_____

JOUR :   DATE :   LIEU :

LA MÉTÉO :

MES ACTIVITÉS DU JOUR:

_____

_____

_____

_____

_____

_____

_____

J'AI MANGÉ :

_____

_____

_____

J'AI AIMÉ :

_____

_____

_____

AUJOURD'HUI J'ÉTAIS :

CE QUE JE RETIENS DE MA JOURNÉE:

_____

_____

_____

_____

_____

JOUR :　　**DATE :**　　**LIEU :**

LA MÉTÉO :

MES ACTIVITÉS DU JOUR:

_____

_____

_____

_____

_____

_____

_____

_____

J'AI MANGÉ :

_____

_____

_____

J'AI AIMÉ :

_____

_____

_____

AUJOURD'HUI J'ÉTAIS :

CE QUE JE RETIENS DE MA JOURNÉE:

_____

_____

_____

_____

_____

JOUR :   DATE :   LIEU :

LA MÉTÉO :

MES ACTIVITÉS DU JOUR:

J'AI MANGÉ :

J'AI AIMÉ :

AUJOURD'HUI J'ÉTAIS :

CE QUE JE RETIENS DE MA JOURNÉE:

JOUR :   **DATE :**   **LIEU :**

LA MÉTÉO :

MES ACTIVITÉS DU JOUR:

_____

_____

_____

_____

_____

_____

_____

_____

J'AI MANGÉ :

_____

_____

_____

J'AI AIMÉ :

_____

_____

_____

AUJOURD'HUI J'ÉTAIS :

CE QUE JE RETIENS DE MA JOURNÉE:

_____

_____

_____

_____

_____

JOUR :   DATE :   LIEU :

LA MÉTÉO :

MES ACTIVITÉS DU JOUR:

_____

_____

_____

_____

_____

_____

_____

_____

J'AI MANGÉ :

_____

_____

_____

J'AI AIMÉ :

_____

_____

_____

AUJOURD'HUI J'ÉTAIS :

CE QUE JE RETIENS DE MA JOURNÉE:

_____

_____

_____

_____

_____

JOUR :   DATE :   LIEU :

LA MÉTÉO :

MES ACTIVITÉS DU JOUR:

_____

_____

_____

_____

_____

_____

_____

_____

J'AI MANGÉ :

_____

_____

_____

J'AI AIMÉ :

_____

_____

_____

AUJOURD'HUI J'ÉTAIS :

CE QUE JE RETIENS DE MA JOURNÉE:

_____

_____

_____

_____

_____

JOUR :   DATE :   LIEU :

LA MÉTÉO :

MES ACTIVITÉS DU JOUR:

_____

_____

_____

_____

_____

_____

_____

_____

J'AI MANGÉ :

_____

_____

_____

J'AI AIMÉ :

_____

_____

_____

AUJOURD'HUI J'ÉTAIS : 😍 😃 😐 😎 😭

CE QUE JE RETIENS DE MA JOURNÉE:

_____

_____

_____

_____

_____

JOUR :   **DATE :**   **LIEU :**

LA MÉTÉO :

MES ACTIVITÉS DU JOUR :

_____

_____

_____

_____

_____

_____

_____

J'AI MANGÉ :

_____

_____

_____

J'AI AIMÉ :

_____

_____

_____

AUJOURD'HUI J'ÉTAIS :

CE QUE JE RETIENS DE MA JOURNÉE :

_____

_____

_____

_____

_____

JOUR :   DATE :   LIEU :

LA MÉTÉO :

MES ACTIVITÉS DU JOUR:

_____

_____

_____

_____

_____

_____

_____

_____

J'AI MANGÉ :

_____

_____

_____

J'AI AIMÉ :

_____

_____

_____

AUJOURD'HUI J'ÉTAIS :

CE QUE JE RETIENS DE MA JOURNÉE:

_____

_____

_____

_____

_____

JOUR :   **DATE :**   **LIEU :**

LA MÉTÉO :

MES ACTIVITÉS DU JOUR:

_____

_____

_____

_____

_____

_____

_____

_____

J'AI MANGÉ :

_____

_____

_____

J'AI AIMÉ :

_____

_____

_____

AUJOURD'HUI J'ÉTAIS :

CE QUE JE RETIENS DE MA JOURNÉE:

_____

_____

_____

_____

_____

JOUR :   DATE :   LIEU :

LA MÉTÉO :

MES ACTIVITÉS DU JOUR:

J'AI MANGÉ :

J'AI AIMÉ :

AUJOURD'HUI J'ÉTAIS :

CE QUE JE RETIENS DE MA JOURNÉE:

JOUR :   DATE :   LIEU :

LA MÉTÉO :

MES ACTIVITÉS DU JOUR:

_____

_____

_____

_____

_____

_____

_____

_____

J'AI MANGÉ :

_____

_____

_____

J'AI AIMÉ :

_____

_____

_____

AUJOURD'HUI J'ÉTAIS :

CE QUE JE RETIENS DE MA JOURNÉE:

_____

_____

_____

_____

_____

JOUR :   DATE :   LIEU :

LA MÉTÉO :

MES ACTIVITÉS DU JOUR:

_____

_____

_____

_____

_____

_____

_____

J'AI MANGÉ :

_____

_____

_____

J'AI AIMÉ :

_____

_____

_____

AUJOURD'HUI J'ÉTAIS :

CE QUE JE RETIENS DE MA JOURNÉE:

_____

_____

_____

_____

_____

JOUR :　　**DATE :**　　**LIEU :**

LA MÉTÉO :

MES ACTIVITÉS DU JOUR:

_____
_____
_____
_____
_____
_____
_____
_____

J'AI MANGÉ :

_____
_____
_____

J'AI AIMÉ :

_____
_____
_____

AUJOURD'HUI J'ÉTAIS :

CE QUE JE RETIENS DE MA JOURNÉE:

_____
_____
_____
_____
_____

JOUR :　　　DATE :　　　　LIEU :

LA MÉTÉO :

MES ACTIVITÉS DU JOUR:

_____

_____

_____

_____

_____

_____

_____

J'AI MANGÉ :

_____

_____

_____

J'AI AIMÉ :

_____

_____

_____

AUJOURD'HUI J'ÉTAIS : 😍 😃 😐 😎 😭

CE QUE JE RETIENS DE MA JOURNÉE:

_____

_____

_____

_____

_____

JOUR :   DATE :   LIEU :

LA MÉTÉO :

MES ACTIVITÉS DU JOUR:

_____

_____

_____

_____

_____

_____

_____

_____

J'AI MANGÉ :

_____

_____

_____

J'AI AIMÉ :

_____

_____

_____

AUJOURD'HUI J'ÉTAIS :

CE QUE JE RETIENS DE MA JOURNÉE:

_____

_____

_____

_____

_____

JOUR :   DATE :   LIEU :

LA MÉTÉO :

MES ACTIVITÉS DU JOUR:

_____

_____

_____

_____

_____

_____

_____

_____

_____

J'AI MANGÉ :

_____

_____

_____

J'AI AIMÉ :

_____

_____

_____

AUJOURD'HUI J'ÉTAIS :

CE QUE JE RETIENS DE MA JOURNÉE:

_____

_____

_____

_____

_____

JOUR :   **DATE :**   **LIEU :**

LA MÉTÉO :

MES ACTIVITÉS DU JOUR:

_____

_____

_____

_____

_____

_____

_____

_____

J'AI MANGÉ :

_____

_____

_____

J'AI AIMÉ :

_____

_____

_____

AUJOURD'HUI J'ÉTAIS :

CE QUE JE RETIENS DE MA JOURNÉE:

_____

_____

_____

_____

_____

JOUR :   **DATE :**   **LIEU :**

LA MÉTÉO :

MES ACTIVITÉS DU JOUR:

J'AI MANGÉ :

J'AI AIMÉ :

AUJOURD'HUI J'ÉTAIS :

CE QUE JE RETIENS DE MA JOURNÉE:

JOUR :   **DATE :**   **LIEU :**

LA MÉTÉO :

MES ACTIVITÉS DU JOUR:

J'AI MANGÉ :

J'AI AIMÉ :

AUJOURD'HUI J'ÉTAIS :

CE QUE JE RETIENS DE MA JOURNÉE:

JOUR :   DATE :   LIEU :

LA MÉTÉO :

MES ACTIVITÉS DU JOUR:

_____

_____

_____

_____

_____

_____

_____

_____

J'AI MANGÉ :

_____

_____

_____

J'AI AIMÉ :

_____

_____

_____

AUJOURD'HUI J'ÉTAIS :

CE QUE JE RETIENS DE MA JOURNÉE:

_____

_____

_____

_____

_____

JOUR :   **DATE :**   **LIEU :**

LA MÉTÉO :

MES ACTIVITÉS DU JOUR:

J'AI MANGÉ :

J'AI AIMÉ :

AUJOURD'HUI J'ÉTAIS :

CE QUE JE RETIENS DE MA JOURNÉE:

JOUR :   DATE :   LIEU :

LA MÉTÉO :

MES ACTIVITÉS DU JOUR:

_____

_____

_____

_____

_____

_____

_____

_____

J'AI MANGÉ :

_____

_____

_____

J'AI AIMÉ :

_____

_____

_____

AUJOURD'HUI J'ÉTAIS : 😍 😀 😐 😎 😨

CE QUE JE RETIENS DE MA JOURNÉE:

_____

_____

_____

_____

_____

JOUR :   **DATE :**   **LIEU :**

LA MÉTÉO :

MES ACTIVITÉS DU JOUR:

_____

_____

_____

_____

_____

_____

_____

_____

J'AI MANGÉ :

_____

_____

_____

J'AI AIMÉ :

_____

_____

_____

AUJOURD'HUI J'ÉTAIS :

CE QUE JE RETIENS DE MA JOURNÉE:

_____

_____

_____

_____

_____

JOUR :   DATE :   LIEU :

LA MÉTÉO :

MES ACTIVITÉS DU JOUR:

_____

_____

_____

_____

_____

_____

_____

_____

J'AI MANGÉ :

_____

_____

_____

J'AI AIMÉ :

_____

_____

_____

AUJOURD'HUI J'ÉTAIS :

CE QUE JE RETIENS DE MA JOURNÉE:

_____

_____

_____

_____

_____

JOUR :　　　**DATE :**　　　**LIEU :**

LA MÉTÉO :

MES ACTIVITÉS DU JOUR:

_____
_____
_____
_____
_____
_____
_____
_____

J'AI MANGÉ :

_____
_____
_____

J'AI AIMÉ :

_____
_____
_____

AUJOURD'HUI J'ÉTAIS :

CE QUE JE RETIENS DE MA JOURNÉE:

_____
_____
_____
_____
_____

JOUR :   DATE :   LIEU :

LA MÉTÉO :

MES ACTIVITÉS DU JOUR:

_____

_____

_____

_____

_____

_____

_____

_____

_____

J'AI MANGÉ :

_____

_____

_____

J'AI AIMÉ :

_____

_____

_____

AUJOURD'HUI J'ÉTAIS :

CE QUE JE RETIENS DE MA JOURNÉE:

_____

_____

_____

_____

_____

JOUR :   **DATE :**   **LIEU :**

A MÉTÉO :

MES ACTIVITÉS DU JOUR:

_____

_____

_____

_____

_____

_____

_____

J'AI MANGÉ :

_____

_____

_____

J'AI AIMÉ :

_____

_____

_____

AUJOURD'HUI J'ÉTAIS :

CE QUE JE RETIENS DE MA JOURNÉE:

_____

_____

_____

_____

_____

JOUR :   DATE :   LIEU :

LA MÉTÉO :

MES ACTIVITÉS DU JOUR:

_____

_____

_____

_____

_____

_____

_____

_____

_____

J'AI MANGÉ :

_____

_____

_____

J'AI AIMÉ :

_____

_____

_____

AUJOURD'HUI J'ÉTAIS :

CE QUE JE RETIENS DE MA JOURNÉE:

_____

_____

_____

_____

_____

JOUR :   **DATE :**   **LIEU :**

LA MÉTÉO :

MES ACTIVITÉS DU JOUR:

_____

_____

_____

_____

_____

_____

_____

_____

J'AI MANGÉ :

_____

_____

_____

J'AI AIMÉ :

_____

_____

_____

AUJOURD'HUI J'ÉTAIS :

CE QUE JE RETIENS DE MA JOURNÉE:

_____

_____

_____

_____

_____

JOUR :   DATE :   LIEU :

LA MÉTÉO :

MES ACTIVITÉS DU JOUR:

_____

_____

_____

_____

_____

_____

_____

J'AI MANGÉ :

_____

_____

_____

J'AI AIMÉ :

_____

_____

_____

AUJOURD'HUI J'ÉTAIS :

CE QUE JE RETIENS DE MA JOURNÉE:

_____

_____

_____

_____

_____

JOUR :   DATE :   LIEU :

LA MÉTÉO :

MES ACTIVITÉS DU JOUR:

_____

_____

_____

_____

_____

_____

_____

_____

J'AI MANGÉ :

_____

_____

_____

J'AI AIMÉ :

_____

_____

_____

AUJOURD'HUI J'ÉTAIS :

CE QUE JE RETIENS DE MA JOURNÉE:

_____

_____

_____

_____

_____

JOUR :   DATE :   LIEU :

LA MÉTÉO :

MES ACTIVITÉS DU JOUR:

_____

_____

_____

_____

_____

_____

_____

J'AI MANGÉ :

_____

_____

_____

J'AI AIMÉ :

_____

_____

_____

AUJOURD'HUI J'ÉTAIS :

CE QUE JE RETIENS DE MA JOURNÉE:

_____

_____

_____

_____

_____

JOUR :   **DATE :**   **LIEU :**

LA MÉTÉO :

MES ACTIVITÉS DU JOUR:

_____

_____

_____

_____

_____

_____

_____

_____

J'AI MANGÉ :

_____

_____

_____

J'AI AIMÉ :

_____

_____

_____

AUJOURD'HUI J'ÉTAIS :

CE QUE JE RETIENS DE MA JOURNÉE:

_____

_____

_____

_____

_____

JOUR : DATE : LIEU :

LA MÉTÉO :

MES ACTIVITÉS DU JOUR:

J'AI MANGÉ :

J'AI AIMÉ :

AUJOURD'HUI J'ÉTAIS :

CE QUE JE RETIENS DE MA JOURNÉE:

JOUR :   DATE :   LIEU :

LA MÉTÉO :

MES ACTIVITÉS DU JOUR:

_____

_____

_____

_____

_____

_____

_____

J'AI MANGÉ :

_____

_____

_____

J'AI AIMÉ :

_____

_____

_____

AUJOURD'HUI J'ÉTAIS :

CE QUE JE RETIENS DE MA JOURNÉE:

_____

_____

_____

_____

_____

JOUR :   DATE :   LIEU :

LA MÉTÉO :

MES ACTIVITÉS DU JOUR:

_____

_____

_____

_____

_____

_____

_____

_____

J'AI MANGÉ :

_____

_____

_____

_____

J'AI AIMÉ :

_____

_____

_____

_____

AUJOURD'HUI J'ÉTAIS :

CE QUE JE RETIENS DE MA JOURNÉE:

_____

_____

_____

_____

_____

OUR :   **DATE :**   **LIEU :**

A MÉTÉO :

MES ACTIVITÉS DU JOUR:

_____

_____

_____

_____

_____

_____

_____

_____

_____

J'AI MANGÉ :

_____

_____

_____

_____

J'AI AIMÉ :

_____

_____

_____

_____

JJOURD'HUI J'ÉTAIS :

CE QUE JE RETIENS DE MA JOURNÉE:

_____

_____

_____

_____

_____

JOUR :   DATE :   LIEU :

LA MÉTÉO :

MES ACTIVITÉS DU JOUR:

_____

_____

_____

_____

_____

_____

_____

J'AI MANGÉ :

_____

_____

_____

J'AI AIMÉ :

_____

_____

_____

AUJOURD'HUI J'ÉTAIS :

CE QUE JE RETIENS DE MA JOURNÉE:

_____

_____

_____

_____

_____

JOUR :   **DATE :**   **LIEU :**

LA MÉTÉO :

MES ACTIVITÉS DU JOUR:

_____

_____

_____

_____

_____

_____

_____

_____

J'AI MANGÉ :

_____

_____

_____

J'AI AIMÉ :

_____

_____

_____

AUJOURD'HUI J'ÉTAIS :

CE QUE JE RETIENS DE MA JOURNÉE:

_____

_____

_____

_____

_____

JOUR :   DATE :   LIEU :

LA MÉTÉO :

MES ACTIVITÉS DU JOUR:

_____

_____

_____

_____

_____

_____

_____

_____

J'AI MANGÉ :

_____

_____

_____

J'AI AIMÉ :

_____

_____

_____

AUJOURD'HUI J'ÉTAIS :   😍   😃   😐   😎   😰

CE QUE JE RETIENS DE MA JOURNÉE:

_____

_____

_____

_____

_____

JOUR :   **DATE :**   **LIEU :**

LA MÉTÉO :

MES ACTIVITÉS DU JOUR:

J'AI MANGÉ :

J'AI AIMÉ :

AUJOURD'HUI J'ÉTAIS :

CE QUE JE RETIENS DE MA JOURNÉE:

JOUR :　　　DATE :　　　LIEU :

LA MÉTÉO :

MES ACTIVITÉS DU JOUR:

_____

_____

_____

_____

_____

_____

_____

J'AI MANGÉ :

_____

_____

_____

_____

J'AI AIMÉ :

_____

_____

_____

AUJOURD'HUI J'ÉTAIS : 😍 😃 😐 😎 😭

CE QUE JE RETIENS DE MA JOURNÉE:

_____

_____

_____

_____

_____

JOUR :　　**DATE :**　　　　**LIEU :**

LA MÉTÉO :

MES ACTIVITÉS DU JOUR:

_____

_____

_____

_____

_____

_____

_____

_____

J'AI MANGÉ :

_____

_____

_____

J'AI AIMÉ :

_____

_____

_____

AUJOURD'HUI J'ÉTAIS :

CE QUE JE RETIENS DE MA JOURNÉE:

_____

_____

_____

_____

_____

JOUR :   DATE :   LIEU :

LA MÉTÉO :

MES ACTIVITÉS DU JOUR:

_____

_____

_____

_____

_____

_____

_____

_____

J'AI MANGÉ :

_____

_____

_____

J'AI AIMÉ :

_____

_____

_____

AUJOURD'HUI J'ÉTAIS :

CE QUE JE RETIENS DE MA JOURNÉE:

_____

_____

_____

_____

_____

JOUR :　　**DATE :**　　**LIEU :**

LA MÉTÉO :

MES ACTIVITÉS DU JOUR:

_____

_____

_____

_____

_____

_____

_____

_____

J'AI MANGÉ :

_____

_____

_____

J'AI AIMÉ :

_____

_____

_____

_____

AUJOURD'HUI J'ÉTAIS :

CE QUE JE RETIENS DE MA JOURNÉE:

_____

_____

_____

_____

_____

JOUR :   DATE :   LIEU :

LA MÉTÉO :

MES ACTIVITÉS DU JOUR:

_____

_____

_____

_____

_____

_____

_____

J'AI MANGÉ :

_____

_____

_____

J'AI AIMÉ :

_____

_____

_____

AUJOURD'HUI J'ÉTAIS :

CE QUE JE RETIENS DE MA JOURNÉE:

_____

_____

_____

_____

_____

JOUR :   **DATE :**   **LIEU :**

LA MÉTÉO :

MES ACTIVITÉS DU JOUR:

_____

_____

_____

_____

_____

_____

_____

J'AI MANGÉ :

_____

_____

_____

J'AI AIMÉ :

_____

_____

_____

AUJOURD'HUI J'ÉTAIS :

CE QUE JE RETIENS DE MA JOURNÉE:

_____

_____

_____

_____

_____

JOUR :　　　DATE :　　　　LIEU :

LA MÉTÉO :

MES ACTIVITÉS DU JOUR:

_____

_____

_____

_____

_____

_____

_____

_____

J'AI MANGÉ :

_____

_____

_____

J'AI AIMÉ :

_____

_____

_____

AUJOURD'HUI J'ÉTAIS :

CE QUE JE RETIENS DE MA JOURNÉE:

_____

_____

_____

_____

_____

_____

Printed by Amazon Italia Logistica S.r.l.
Torrazza Piemonte (TO), Italy

41458967R00064